Nancy DeMoss Wolgemuth

Ist es für Gott eine Frage, was ich trage?

Nancy DeMoss Wolgemuth

Ist es für Gott EINE FRAGE, WAS ICH TRAGE?

Nancy DeMoss Wolgemuth
Ist es für Gott eine Frage, was ich trage?

Best.-Nr. 271699
ISBN 978-3-86353-699-2
Christliche Verlagsgesellschaft Dillenburg

Titel des amerikanischen Originals:
The Look
Does God really care what I wear?

2. Auflage 2025

Am Güterbahnhof 26 | 35683 Dillenburg
info@cv-dillenburg.de

Übersetzung: Brigitte Hahn
Satz und Umschlaggestaltung: Christliche Verlagsgesellschaft mbH
Umschlag- und Innenteilmotive: © Shutterstock.com/Zagach Design, Ladoga;
© Unsplash.com: Annie Spratt (S. 6, 24, 62, 78), Kelly Sikkema (S. 27), Ivette Pena(42), Sarah Dorweiler (S. 65), Debby Hudson (S. 74), Tonkla Pairoh (S. 76);
© Freepik.com: macrovector (S. 5, 40), rawpixel.com (botanische Alphabet, S. 5, 6, 7, 57), upklyak (S. 6, 37, 67, 72, 78), Vectorium (S.6, 7, 34), rezaazmy (S. 10, 42, 49), topntp26 (S. 15), Harryarts (S. 22, 43, 48, 71, U2, U3), anthonyboyd (S. 40), veraholera (S. 40), graphicheroco (S. 53), lcd2020 (S. 61), starline (S. 76, 77)

FINIDR, s.r.o.
Printed in Czech Republic

Wenn Sie Rechtschreib- oder Zeichensetzungsfehler entdeckt haben,
können Sie uns gern kontaktieren: info@cv-dillenburg.de

Liebe Leserin,

ich freue mich sehr, dass du dieses kleine Buch in der Hand hältst! Auf unserem gemeinsamen Weg durch die Seiten machen wir uns auf die Suche nach dem einen zeitlosen, ansprechenden und immer modernen „Look".

Unsere Kleidung kann zu einem umstrittenen Thema werden, und allein die Erwähnung des Begriffes „Anstand" kann schon eine Menge Fragen aufwerfen. Hast du dich schon einmal mit deinen Eltern oder deiner Tochter, die gerade im Teenageralter ist, darüber gestritten, was man anziehen sollte und was gar nicht geht? Spielt es eine Rolle, wie du dich an deinem Arbeitsplatz im Büro kleidest? Oder in der Schule, beim Einkaufen, am Strand? Was verrät die Art, wie wir uns kleiden, oder unser äußeres Erscheinungsbild über uns?

Ich bin so dankbar, dass wir einen Gott haben, der sich um jede Einzelheit in unserem Leben kümmert, sogar um das, was wir essen und was wir tragen. Ist das nicht wunderbar?

Lies weiter und entdecke den schönen Entwurf, den unser „Meister-Designer" im Sinn hatte, als er dich und mich geschaffen hat. Sein Stil-Konzept ist immer zeitgemäß!

Deshalb sollten wir seinem göttlichen Schnittmuster folgen.

Inhalt

Kapitel 6
52
FAQ – häufig gestellte Fragen
66
Anhang

ZUR ANPROBE, BITTE!

Am Anfang unserer Suche nach dem „perfekten Look" nimm dir bitte ein bisschen Zeit und notiere in kurzen Stichworten, welche Gedanken dir kommen, wenn du im Zusammenhang mit Kleidung Wörter wie „Anstand" oder „Sittsamkeit" hörst.

Für andere Frauen bedeuten diese Begriffe,
wie sie mir sagten:

langweilig

reizlos

stillos prüde

altmodisch

Will Gott wirklich, dass wir langweilig, prüde und reizlos sind? Ich glaube, nicht. (Schau dir doch die Schönheit der von ihm geschaffenen Welt an!) Trotzdem fallen vielen Menschen solche Wörter ein, wenn sie an „Anstand“ oder „Sittsamkeit“ denken.

Für fast jede Frau spielt Mode eine große Rolle. Wir alle tragen Kleidungsstücke, und wir treffen täglich Entscheidungen, was wir tragen wollen. Wir investieren Zeit und Geld in unsere Kleidung. Und welche Frau hat denn keine klar umrissenen Ansichten über den Inhalt ihres Kleiderschranks?

Mach den folgenden Test. Dabei kannst du herausfinden, was du tatsächlich über das Thema „Kleidung“ denkst. Bitte schreib neben jede Aussage, ob sie deiner Meinung nach **„richtig“** oder **„falsch“** ist.

1. Nach der Bibel besteht der Hauptzweck von Kleidung darin, den Körper zu bedecken.

2. Es gibt keine richtigen oder falschen Kleidungsstile, sondern alles ist eine Frage des Geschmacks und der persönlichen Ansicht.

3. Die Bibel sagt uns, was Christen tragen sollten.

4. In der Bibel steht, dass Gott auf das Herz sieht. Deshalb ist es nicht so wichtig, was wir tragen oder wie wir aussehen. Was wirklich zählt, ist unser Inneres.

5. Unsere Kleidung und unser Aussehen verraten viel über unsere Werte, unseren Charakter und unsere Glaubenshaltung.

6. Was ich trage, geht außer mir niemanden etwas an. Ich sollte doch die Freiheit haben, Kleidungsstücke anzuziehen, dir mir gefallen und in denen ich mich wohlfühle.

7. Sich anständig zu kleiden bedeutet, in altmodischen, ungünstig geschnittenen und unattraktiven Kleidern herumzulaufen.

8. Wenn eine junge Frau keine modischen oder wenigstens halbwegs freizügig geschnittenen Sachen trägt, wird sie von jungen Männern nicht beachtet.

9. Mit Ausnahme von richtig „sexbesessenen" Typen reagieren die meisten Männer gleichgültig auf das, was Frauen tragen. Die meisten von ihnen merken gar nicht, was eine Frau anhat.

10. Ich kann nichts dafür, wenn Jungs oder Männer sich schwertun mit der Art, wie ich mich kleide. Sie sind schließlich für ihre eigenen Gedanken verantwortlich. Ich muss bei meinem Kleidungsstil nicht extra Rücksicht auf Männer nehmen, bloß weil die sich nicht im Griff haben.

11. Eltern sollten ihren Kindern ihre Maßstäbe oder Glaubenssätze über Kleidung nicht aufzwingen. Die Kinder sollten ihre eigenen Entscheidungen treffen können, selbst wenn die Eltern den Kleidungsstil ihrer Kinder nicht gutheißen.

12. Christen haben die Freiheit, sich zu kleiden, wie sie wollen, denn schließlich leben wir nicht mehr unter dem Gesetz, sondern unter der Gnade. Es ist gesetzlich, wenn Eltern oder Jugendleiter/innen Richtlinien oder Maßstäbe über die „richtige" Kleidung junger Menschen aufstellen.

13. Christinnen sollten niemals freizügige, sexy Kleidungsstücke (d. h. Kleidungsstücke, die sexuelles Begehren oder Interesse wecken) tragen.

14. An bestimmten Orten in der Öffentlichkeit ist es in Ordnung, wenn Frauen Kleidungsstücke tragen, die intime Stellen ihres Körpers enthüllen.

15. Eine Frau kann von Kopf bis Fuß bedeckt und trotzdem unanständig gekleidet sein.

16. Eine Frau kann anständige Kleidung tragen und trotzdem unanständig sein.

17. Die meisten Mädchen und Frauen haben keine Ahnung von der Bedeutung, der Macht oder den Vorteilen, die mit echtem Anstand verbunden sein können.

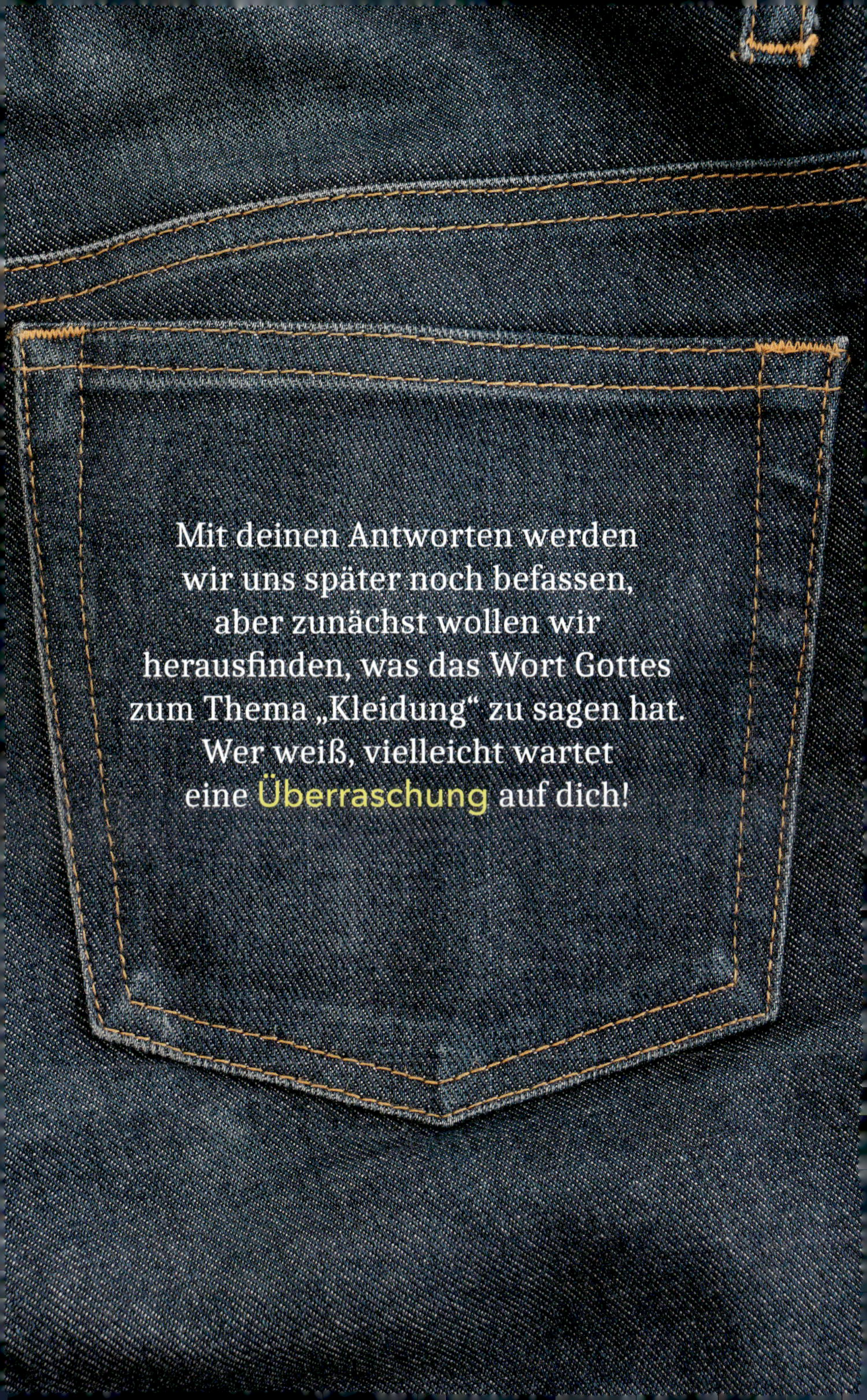

Mit deinen Antworten werden wir uns später noch befassen, aber zunächst wollen wir herausfinden, was das Wort Gottes zum Thema „Kleidung" zu sagen hat. Wer weiß, vielleicht wartet eine Überraschung auf dich!

Kaptitel 2

WER HAT SIE ERFUNDEN, DIE MODE?

Wenn du in einem guten Fachgeschäft ein hochwertiges Kleidungsstück kaufst, wirfst du bestimmt einen Blick auf das Etikett, um herauszufinden, welcher Designer das gute Stück entworfen hat.

Unser großer Designer ist niemand anderes als der Schöpfer des Universums – Gott selbst! Und von ihm stammen auch die ersten Entwürfe für Kleidungsstücke.

Hast du dich schon einmal gefragt, warum wir überhaupt Kleidung tragen müssen? Die Bibel berichtet, dass Gott den ersten Mann und die erste Frau *ohne Kleider* geschaffen hat: „Und sie waren beide nackt, der Mensch und seine Frau, und sie schämten sich nicht" (1Mo 2,25).

Bevor Adam und Eva sündigten, gab es keine Kleidung ... und es gab weder Schuld- noch Schamgefühle. Das lag daran, dass Adam und Eva ohne Sünde waren. In ihrer Beziehung zu Gott und untereinander gab es keine Barrieren.

Das alles änderte sich, als Adam und Eva sich entschlossen, „es auf ihre Art zu machen". Sobald sie von der verbotenen Frucht aßen, erlebten sie, was Scham und Verlegenheit bedeuten: „Da wurden ihrer beider Augen aufgetan, und sie erkannten, dass sie nackt waren" (1Mo 3,7).

Zum ersten Mal in ihrem Leben empfanden sie ein Scham- und Schuldgefühl als Folge der Sünde. Seitdem wird Nacktheit außerhalb der Ehe in der Bibel als Schande bezeichnet.

Adam und Eva versuchten sofort, ihr Problem mit der Nacktheit und Scham zu lösen. Sie fragten nicht Gott um Rat, wie sie sich kleiden sollten. Stattdessen ließen sie sich selbst etwas einfallen: Sie hefteten Feigenblätter zusammen, um die Intimbereiche ihrer Körper zu bedecken.

(Wusstest du, dass Feigenblätter sich anfühlen wie grobes Schmirgelpapier? Diese ersten Kleidungsstücke waren bestimmt sehr unbequem!) Sie erkannten schnell, dass die Feigenblätter keine zufriedenstellende Lösung für ihr Problem waren. Deshalb versteckten sie sich.

Glücklicherweise ließ Gott sie nicht lange in ihrem Versteck. Er ergriff die Initiative, um die unterbrochene Verbindung wiederherzustellen. „Und Gott, der HERR, rief den Menschen und sprach zu ihm: Wo bist du?“ (1Mo 3,9).

Bitte beachte, wer das Problem mit der fehlenden Kleidung zuerst ansprach. Es war nicht Gott, sondern Adam! Seine ersten Worte nach dem Sündenfall lauteten: „Ich hörte deine Stimme im Garten, und ich fürchtete mich, weil ich nackt bin, und ich versteckte mich“ (1Mo 3,10).

Die Art, wie Gott darauf reagierte, beweist, dass die Nacktheit der Menschen für ihn nicht das Hauptproblem war. „Wer hat dir erzählt, dass du nackt bist? Hast du etwa von dem Baum gegessen, von dem ich dir geboten habe, du solltest nicht davon essen?“ (1Mo 3,11).

Glücklicherweise ließ Gott sie nicht lange in ihrem Versteck. Er ergriff die Initiative, um die unterbrochene Verbindung wiederherzustellen.

Adam und Eva ging es vor allem um ihre Nacktheit. Für Gott war es jedoch viel wichtiger, dass die beiden sein Wort missachtet hatten und *ihre Beziehung zu ihm zerbrochen* war. Ihnen war ihr Äußeres wichtig, Gott jedoch ging es um ihr *Inneres*, ihr Herz.

Zunächst sprach Gott das Problem ihrer Nacktheit gar nicht an. Zuallererst befasste er sich mit dem Grundproblem ihrer Sünde und den damit verbundenen Folgen, mit der zerbrochenen Beziehung zu ihm. Er schenkte ihnen das Evangelium (1Mo 3,15), die Verheißung, dass es für das Problem ihrer Sünde eine Lösung geben würde. *Erst dann* kam Gott auf die Frage der Kleidung zurück. Voller Liebe, Anteilnahme und Barmherzigkeit kleidete Gott das erste Menschenpaar ein:

„Und Gott, der HERR, machte Adam und seiner Frau Leibröcke aus Fell und bekleidete sie.“ (1Mo 3,21)

Gott übersah das Problem ihrer Nacktheit nicht und verhielt sich auch nicht so, als ob es keine Rolle spielen würde. Aber es war auch nicht das wichtigste Thema für ihn.

Als er sich schließlich der Kleiderfrage widmete, sagte er sinngemäß zu Adam und Eva: „Hier ist meine Lösung für eure Nacktheit. Eure Art, das Problem zu lösen, funktioniert vorne und hinten nicht. Ihr müsst es auf meine Art tun!" Wichtig ist hier, dass der „Entwurf" von Adam und Eva (Feigenblätter) ganz anders war als das von Gott entwickelte Design (Kleidung aus Tierhäuten).

In 1. Mose 3,7 lesen wir: „Deshalb machten sie sich *Lendenschurze* aus zusammengehefteten Feigenblättern" (NeÜ). Das Wort in der ursprünglichen Sprache könnte man auch mit „Schürzen" oder „Gürtel für die Hüfte" übersetzen.

Im Gegensatz dazu waren die „Gewänder", die Gott für Adam und Eva anfertigte (1Mo 3,21), „Tuniken" oder „Mäntel". Liest man in verschiedenen Wörterbüchern zur Bibel nach, stellt man fest, dass sich dieser Begriff auf ein Kleidungsstück bezieht, das den Körper zumindest vom Hals bis zu den Knien bedeckt.

Adam und Eva bedeckten lediglich ihre intimen Körperteile. Gott dagegen bedeckte ihren ganzen Körper.

Diese Feststellung hilft uns zu verstehen, dass Gott mit der Kleidung das Ziel hatte, den Körper zu bedecken.

Hat Gott eine Meinung zu unserer Kleidung? Und wie reagieren wir auf den Plan, den Gott mit uns hat?

Ich bin so dankbar, dass Gott an jedem Detail in unserem Leben interessiert ist. Es ist so, wie Jesus sagt: „Und selbst die Haare auf eurem Kopf sind alle gezählt" (Lk 12,7; NeÜ). Das, was wir tragen, ist für die meisten von uns ein bedeutendes „Detail"! Da Gott uns kennt und uns liebt, können wir seinen Plänen und Anweisungen für unser Leben voll und ganz vertrauen.

DREI LEBENSPRINZIPIEN

Ob es uns bewusst ist oder nicht, unsere äußere Erscheinung sendet den Menschen in unserem Umfeld eine Botschaft. Unsere modischen Entscheidungen gründen sich letzten Endes auf unsere Wertevorstellungen. Deshalb ist es wichtig, sich folgende Fragen zu stellen:

- Warum bin ich auf der Welt?
- Was ist mein Lebensziel?
- Habe ich einen bestimmten Auftrag zu erfüllen?

Wenn wir in unserem Leben Gott die Ehre geben wollen, dann wird dieses Ziel auch unsere Entscheidung für einen bestimmten Kleidungsstil und unsere Art zu handeln prägen. Sehen wir uns einmal drei Grundprinzipien an, die auch einen Einfluss haben auf das, was wir tragen.

1. EIGENTUMSRECHT

Mein Körper gehört nicht mir, sondern Gott.

Vielleicht hast du diesen Satz schon einmal gehört (oder sogar selbst gesagt): „Es ist mein Körper. Ich kann damit tun und lassen, was ich will." Aber ist es wirklich *dein* Körper?

In 1. Korinther 6,19-20 werden wir eines Besseren belehrt: „Wisst ihr denn nicht, dass euer Körper ein Tempel des Heiligen Geistes ist, der in euch wohnt und den ihr von Gott bekommen habt? Ist euch nicht klar, dass ihr euch nicht selbst gehört? Denn ihr seid für ein Lösegeld gekauft worden. Macht also Gott mit eurem Körper Ehre" (NeÜ).

Was würdest du empfinden, wenn dir jemand etwas Wertvolles wegnehmen und einfach in den Müll werfen oder verschenken würde? Darf ich raten? Bestimmt wärst du nicht begeistert. Denk daran: Du bist in den Augen Gottes wertvoll, denn du gehörst ihm!

2. HERRSCHAFTSRECHT

Jesus ist Herr über alles.

Heute werden wir förmlich bombardiert mit der Idee, dass wir die vollen Rechte an unserem Leben haben. Wir hören Sätze wie: „Mach es auf deine Art ... Dir sind keine Grenzen gesetzt!" Was sagt Gott dazu?

Die Wahrheit lautet: „Wenn wir leben, leben wir für den Herrn, und wenn wir sterben, gehören wir dem Herrn. Im Leben und im Tod gehören wir dem Herrn" (Röm 14,8; NeÜ).

Gott hat das Recht, jeden Bereich unseres Lebens zu prägen, auch das, was wir essen, trinken und anziehen. Wenn es um unser Aussehen geht, sollten wir uns fragen: Wer oder was bestimmt, was wir tragen – unser kulturelles Umfeld, Leute aus unserer Altersgruppe oder die Medien? Oder Jesus Christus und sein Wort?

3. BÜRGERRECHT

Mein Bürgerrecht ist im Himmel

Wenn du in ein fremdes Land reist, wirst du feststellen, dass der Kleidungsstil der Frauen dort ihr kulturelles Umfeld widerspiegelt.

Als Christen gehören wir nicht in diese Welt. Wir sind Bürger eines anderen, des göttlichen Reiches. Das bedeutet, dass wir mit unserem ganzen Wesen zeigen sollten, wohin wir wirklich gehören.

Die Welt sagt uns jedoch etwas anderes. Auf Pinterest und in Modemagazinen sehen wir, welcher Look „in" und was gerade „angesagt" ist.

Wie sollten wir als gläubige Menschen auf diese Botschaften reagieren? Wir sollten uns die Frage stellen: Wollen wir zeigen, zu welchem Reich wir gehören? Der Apostel Paulus formuliert es so: „Und stellt euch nicht dieser Welt gleich" (Röm 12,2; LUT).

Mir gefällt es, wie eine moderne Übersetzung diesen bekannten Bibelvers wiedergibt.

„Deshalb orientiert euch nicht am Verhalten und an den Gewohnheiten dieser Welt, sondern lasst euch von Gott durch Veränderung eurer Denkweise in neue Menschen verwandeln" (Röm 12,2; NL).

ZUR ERINNERUNG

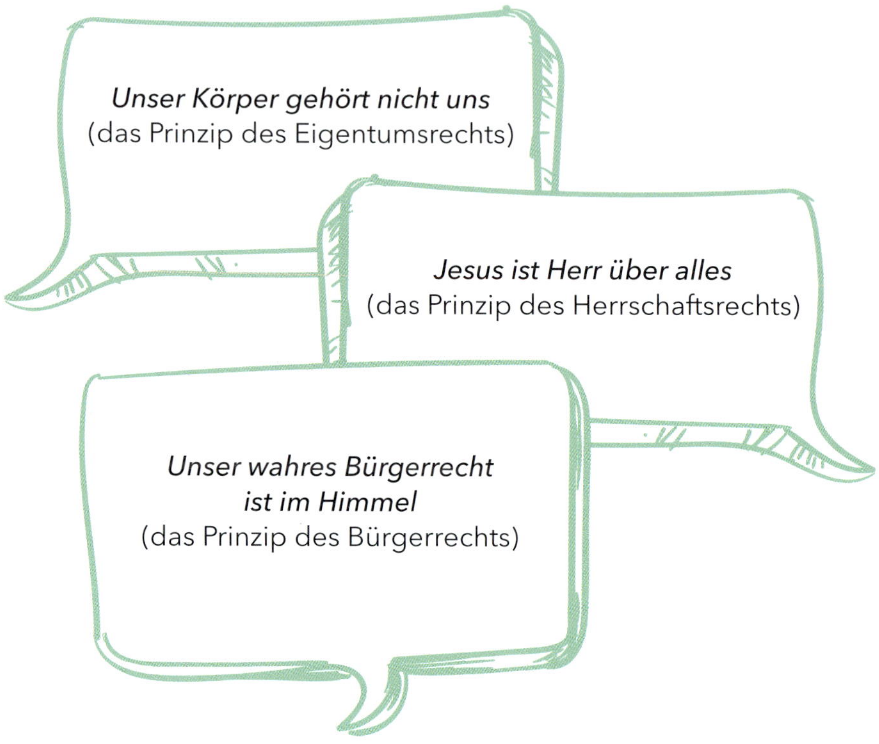

Diese drei Prinzipien bieten uns eine sichere Grundlage für Entscheidungen über jeden Bereich unseres Lebens, auch bei der Frage, was wir tragen sollen.

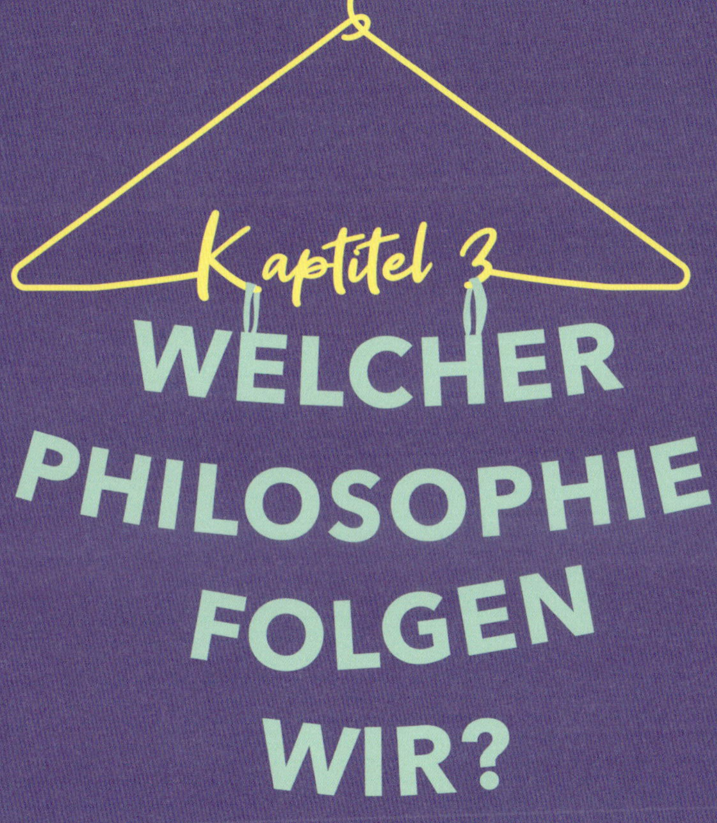
Kaptitel 3
WELCHER
PHILOSOPHIE
FOLGEN
WIR?

Meistens verbreiten soziale Medien, Kinofilme, Printmedien und das Fernsehen eine Sichtweise von Mode und Stil, die so gänzlich anders ist als der Blickwinkel Gottes. Hier ein Vergleich:

DIE PHILOSOPHIE DER WELT	DIE SICHTWEISE GOTTES
1. Schönheit ist äußerlich und körperbetont.	1. Schönheit ist innerlich und geistig.
2. Der Körper ist am allerwichtigsten, der Geist ist zweitrangig oder gar nicht vorhanden.	2. Der Geist ist ewig, der Körper ist vergänglich.
3. Dein Körper ist deine Identität.	3. Dein Körper ist ein Tempel, eine Wohnstätte deiner Seele.
4. Du bist ein Produkt der Evolution. Dein Körper gehört dir.	4. Gott hat deinen Körper gebildet; er gehört ihm (und deinem Ehepartner, falls du verheiratet bist).
5. Kleide dich so, dass die Leute dich beachten.	5. Kleide dich so, dass du Gott gefällst und seine Herrlichkeit widerspiegelst.
6. Kleidung soll den Körper zeigen und die sexuelle Anziehung fördern.	6. Kleidung soll den Körper bedecken und einhüllen.

DIE PHILOSOPHIE DER WELT	DIE SICHTWEISE GOTTES
7. Zeige, was du hast.	7. Sei ein Beispiel für Bescheidenheit und Anstand.
8. Betone und zeige deinen Körper, deine Haut und intime Körperteile.	8. Lenke die Aufmerksamkeit auf deinen Geist, deine Haltung und dein Herz.
9. Eine Frau muss schön, sinnlich und verführerisch sein, um geliebt zu werden.	9. Gott liebt dich mit seiner vollkommenen Liebe, und er hat dich geschaffen, damit du schön sein kannst – zu seiner Ehre.
10. Der Körper hat keinen besonderen Wert, und deshalb kannst du mit ihm umgehen, wie du willst.	10. Dein Körper ist die Wohnstätte Gottes, und deshalb solltest du gut auf deinen Körper achtgeben.
11. Nutze deinen Körper, um andere in Versuchung zu führen oder zu reizen.	11. Nutze deinen Körper, um deine Mitmenschen zu schützen, aufzubauen und zu stärken.
12. Teile deinen Körper großzügig mit anderen.	12. Gib Gott das Eigentumsrecht an deinem Körper und spare ihn für deinen Ehepartner auf.
13. Das, was du anziehst, ist rein äußerlich.	13. Das, was du anziehst, spiegelt das wider, was in deinem Herzen ist.

Und jetzt stell dir ein paar Fragen über deine aktuellen Entscheidungen in punkto **Mode** und **Kleidung.**

Was vermitteln meine Kleidung und mein Aussehen über meine Person und meine Glaubensauffassung?

Welche Punkte der Welt-Philosophie habe ich (eventuell) übernommen?

Muss ich an meiner Auffassung über meine Kleidung und mein Aussehen etwas ändern? Wenn ja, notiere dir die einzelnen Punkte.

1
2
3

Erkennst du jetzt, wie unsere Kleidung und unser Aussehen das vermitteln, woran wir glauben? Für Christen geht es beim Thema „Anstand" vor allem darum, wie wir über Gott, über unsere Mitmenschen und über uns selbst denken. Unsere Gedanken zeigen sich in unserer Kleidung, unseren Gesprächen und Handlungen. Dadurch tritt unsere innere Haltung deutlich zutage.

Was wir tragen + wie wir aussehen = ein Bild von dem, was wir glauben

Nicht nur *unsere* Denkweise steht auf dem Prüfstand. Ob du es glaubst oder nicht: Das, was wir tragen, kann eine große Wirkung auf die *Gedanken* unserer Mitmenschen haben. Sind wir uns dieser Verantwortung bewusst?

Eine Geschichte, die mir eine Bekannte erzählt hat, hat mich wirklich zum Nachdenken gebracht. „Vor fünf Jahren habe ich erfahren, dass mein Mann seine Gedanken nicht in den Griff bekommen konnte. Das Ganze endete in einer Affäre mit einer Arbeitskollegin, die sich sehr aufreizend kleidete. Für mich ist damals eine Welt zusammengebrochen."

Darf ich dir eine Frage stellen? Wer hatte Schuld an dieser Affäre? Der Ehemann meiner Bekannten? Unbedingt! War die Frau, die sich aufreizend kleidete, ebenfalls dafür verantwortlich? Unbedingt!

Richard Baxter, ein Pastor im 17. Jahrhundert, erkannte schon damals, dass die Art, wie eine Frau sich kleidet, für die Gedanken eines Mannes zum Fallstrick werden kann. Er nutzt eine bildliche Sprache, um auf drastische Weise zu veranschaulichen, wie die Entscheidungen, die wir als Frauen treffen, die Männer in unserem Umfeld beeinflussen können.

Ihr dürft ihnen keinen Stein des Anstoßes in den Weg legen und das Feuer ihrer Lust nicht weiter anfachen.

Richard Baxter

„Selbst wenn ihre Sünde und Eitelkeit die Ursache sein mögen, ist es dennoch eure Sünde, wenn ihr ihnen einen unnötigen Anlass bietet … Ihr dürft ihnen keinen Stein des Anstoßes in den Weg legen und das Feuer ihrer Lust nicht weiter anfachen … Ihr müsst euch unter sündigen Menschen bewegen wie mit einer Kerze im Stroh oder in der Nähe von Schießpulver; andernfalls seht ihr die Flamme, die ihr nicht vorhergesehen habt, erst, wenn es zu spät ist, sie zu löschen.“[1]

---

1 Richard Baxter, *A Christian Directory in Baxter's Practical Works*, Bd. 1, George Virtue, London, Neuauflage Ligonier, Pennsylvania (Hrsg.), Soli Deo Gloria Publications, 1990, S. 392

Liebe Leserinnen, Gott fordert jede von uns auf, uns in dieser Welt zu bewegen wie mit „einer Kerze im Stroh oder in der Nähe von Schießpulver". Ein Feuer oder eine Explosion kann verheerend sein, zu Verletzungen führen oder viele Menschenleben vernichten.

Damit wollen wir nicht andeuten, dass Männer nicht für ihre Gedanken oder ihr Verhalten verantwortlich sind. Im Gegenteil. Sie müssen lernen, ihren Weg mit Gott zu gehen und ihre Gedanken unter die Herrschaft Christi zu bringen, auch wenn sie in einem Kulturkreis leben, in dem sich die Schamlosigkeit unkontrolliert ausbreitet.

Für uns als Christinnen kann jedoch die Art, wie wir uns kleiden, Männern entweder zum moralischen Erfolg verhelfen oder aber zu einer Versuchung werden, der sie nur schwer widerstehen können. Das bedeutet aber, dass Männer *und* Frauen gleichermaßen verantwortlich sind für sittlich-moralische Reinheit!

Melody Green, die Witwe der Musik-Legende Keith Green, schildert die widersprüchlichen Signale, die viele Christen aussenden, wenn sie ihren eigenen Kopf durchsetzen wollen:

„Leider scheinen viele Christen so in ihrer eigenen, egoistischen Welt versunken zu sein, dass sie entweder gar nicht merken oder es ihnen gleichgültig ist, welche Wirkung sie auf andere haben. Vielleicht erwecken sie sogar den Eindruck, als hätten sie eine echte Begeisterung und Liebe zu unserem Herrn, aber ihr Körper sendet eine vollkommen andere Botschaft. Ich weiß das, weil … ich genauso war; zum Teil, weil ich es nicht besser wusste, aber hauptsächlich aus einer Haltung der Rebellion heraus. Ich kann mich noch erinnern, wie ich dachte: ‚Es ist doch nicht meine Schuld, wenn sie mit den Blicken an mir kleben und die Augen von unserem Herrn abwenden. Sie sind einfach nicht fromm genug. Warum soll ich mich ändern, bloß weil sie zu schwach sind?'

Aber der Herr zeigte mir, dass es tatsächlich meine Schuld war. Ich war meinem Bruder im Herrn ein Stolperstein geworden, und das musste sich ändern. Sobald ich erkannte, welchen Schaden ich mit meiner Selbstsucht anderen und dadurch auch unserem Herrn zufügte, schämte ich mich. Ich war zutiefst beschämt, dass ich eine so schamlose Botschafterin Jesu war."[2]

---

2 Green, Melody, „Uncovering the Truth about Modesty", www.lastdaysministries.org/articles

Das sind harte und offene Worte. Wir sollten alles Menschenmögliche tun, um unseren Brüdern im Herrn zu helfen, damit sie standhaft im Glauben bleiben und wir mit unserer Kleidung und unserem Aussehen Gott die Ehre geben.

Bitte stelle dir diese Fragen: „Strahle ich die Philosophie der Welt über Schönheit und Kleidung aus oder folge ich den Gedanken Gottes?“ – „Unterstütze oder behindere ich Männer bei ihrem Wunsch nach ethisch-moralischer Reinheit?“

Kaptitel 4

HABEN WIR DAS ERRÖTEN VERLERNT?

Leserbrief an die Redaktion

Eine gute Bekannte zeigte mir einen Leserbrief, den ein junger Mann an die Redaktion ihrer christlichen Studentenzeitung geschrieben hatte.

„Neulich war ich auf dem Weg zur Geschäftsstelle, um ein paar finanzielle Dinge zu regeln, und ich konnte kaum glauben, was ich unterwegs sah. Das Gelände um den Campus herum sah fantastisch aus. Ich sah moderne Studentenwohnheime, neue Gesichter und überall spärlich bekleidete junge Frauen – leider.

Den Grund meines Briefes kann ich mit wenigen Worten umreißen. Es geht um das Thema ‚sexuelle Reinheit'. Dieses Problem betrifft Männer und Frauen gleichermaßen, aber es ist extrem schwierig für uns Männer, weil wir besonders empfänglich für optische Reize sind.

✉ Leserbrief an die Redaktion

Liebe Männer, ihr dürft nicht meinen, dass wir fein raus sind, bloß weil Frauen sich unanständig kleiden. Die Worte in 2. Timotheus 2,22 gelten auch für uns: ‚Die jugendlichen Begierden aber fliehe, strebe aber nach Gerechtigkeit, Glauben, Liebe, Frieden …' Aber ihr könnt euren Brüdern in Christus unter die Arme greifen, liebe Schwestern. Eure Art, euch zu kleiden, kann für uns zum Anstoß werden. Der Apostel Paulus sagt uns, dass er gerne auf Fleisch verzichten würde, wenn er einen Bruder mit seinem Fleischgenuss zu Fall bringen würde. (Natürlich wollen wir nicht, dass ihr ganz auf Kleidung verzichtet, sondern bloß auf das, womit wir Männer zu Fall gebracht werden können.)

Vielleicht klingt das für manche von euch Mädels schockierend, aber eure Klamotten haben tatsächlich eine negative Wirkung auf uns Jungs. Bitte achtet auf euch und auf das, was die Bibel zum Thema Kleidung zu sagen hat …"[3]

---

3 Phillip (Freaky) Howle, Letters to the Editor: „Women's choice in dress leads men to stumble", *The Skyliner*, North Greenville College, Tigerville, SC, 4. September 2002, www.nguskyliner.net/wordpress/

Offenbar haben die Frauen unserer Zeit nicht nur das Erröten verlernt, sondern sie erkennen nicht einmal mehr, *was* einem die Schamröte ins Gesicht treiben sollte. Männer und Frauen sind von der Schöpfung her unterschiedlich angelegt. Männer neigen eher dazu, auf visuelle Reize zu reagieren, während Frauen eher für Berührungen empfänglich sind. Ein Mann hat es einmal so ausgedrückt: „Was die Berührung eines Mannes für eine Frau ist, ist der Anblick einer Frau für einen Mann.“[4]

In ihrem Buch erklären die beiden Autoren Steve Arterburn und Fred Stoeker, was Frauen unbedingt über Männer wissen sollten.

4 Zitiert aus: „The Sin of Bathsheba“ (Die Sünde von Batseba), einem anonym veröffentlichten Online-Artikel mit dem Titel „Ein Wort an christliche Frauen, von einem Bruder in Christus“

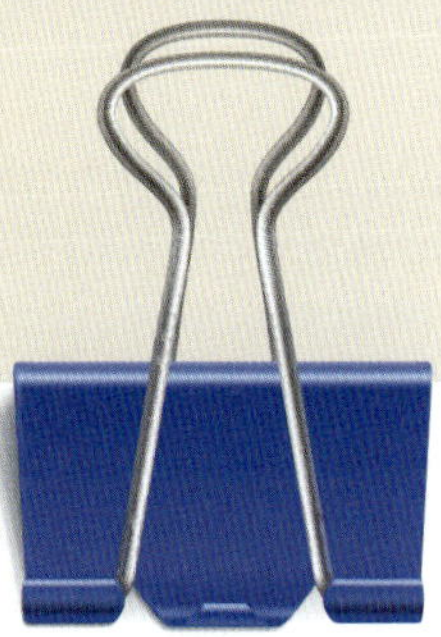

„Männer empfangen Befriedigung über das Auge … Unsere Augen geben (uns) Männern die Gelegenheit zu umfassender und vorsätzlicher Sünde. Wir brauchen keine Verabredung mit einer Frau oder eine heimliche Geliebte. Wir brauchen noch nicht einmal zu warten. Wir haben unsere Augen, mit deren Hilfe wir jederzeit sexuelle Befriedigung ‚herbeisehen' können. Weibliche Nacktheit jeder Art, in jeder Form oder Gestalt heizt unsere Begierde an …

Frauen haben dafür selten Verständnis, weil sie sexuelle Reize nicht auf dieselbe Art empfangen. Ihr Lustempfinden wird gesteigert durch Berührung und eine enge Beziehung. Deshalb ist für sie der visuelle Aspekt der männlichen Sexualität oberflächlich und schmutzig, ja, sogar verachtenswert …"[5]

---

5 Steve Afterburn & Fred Stoeker mit Mike Yorkey, *Every Man's Battle*, WaterBrook Press, Colorado Springs, 2000, S. 65–66

Offenbar haben die Frauen unserer Zeit nicht nur das Erröten verlernt, sondern sie erkennen nicht einmal mehr, *was* einem die Schamröte ins Gesicht treiben sollte.

Anstand ist ein Herzensanliegen. Vielleicht verstehen wir nicht, warum Männer sexuelle Reize eher über die Augen empfangen, aber denk daran: Auch diese Veranlagung gehört zum Plan Gottes, und er hat sie als gut bezeichnet – wenn sie für seine Ziele genutzt wird. Wir Frauen sollten Männer nicht zu Fall bringen, indem wir uns so kleiden, dass ein Mann durch visuelle Reize zur Sünde verleitet wird. Das ist unsere Verantwortung, und es ist eine ernste Sache, wenn wir das Wesen Gottes widerspiegeln und für die Männer in unserem Umfeld ein Segen und kein Hindernis sein wollen.

EINE HERZENSHALTUNG

Denken wir daran, dass es beim Thema Anstand nicht vorrangig um die Frage geht, welche Art von Kleidung wir tragen, sondern im Wesentlichen um unsere Herzenshaltung. Wenn unser Herz im Reinen mit Gott ist, wenn wir unseren Weg mit ihm in Reinheit und Demut gehen, dann wird sich diese innere Einstellung auch auf unser Äußeres auswirken.

Eine Herzenshaltung des Anstands hat Auswirkungen auf jeden Bereich im Leben einer Frau, nicht nur auf ihr Aussehen, sondern auch auf ihre Standpunkte und ihre Art, wie sie spricht und handelt. Es folgen ein paar „Check-up-Fragen" zur Herzenshaltung, mit deren Hilfe du einschätzen kannst, welche Bedeutung der Anstand in unterschiedlichen Bereichen deines Lebens hat.

- Habe ich eine demütige Meinung von mir selbst und eine hohe Meinung von Gott?

- Habe ich es nötig, Werbung für mich selbst zu machen?

- Bin ich frei von Extremen im Verhalten und in meiner Persönlichkeit? (Dazu gehört auch extremes Konsumverhalten.)

- Bin ich traurig bei dem Gedanken, ich könnte Gott betrüben oder jemand anderen zur Sünde verleiten?

- Übe ich angemessene Zurückhaltung beim Reden oder rede ich zu viel?

- Muss ich immer die Stimmungskanone sein und im Mittelpunkt stehen?

- Bin ich frei von der Neigung zum Protzen und Prahlen? (Dazu gehört auch, dass ich vorlaut, arrogant, aggressiv, kontroll- und herrschsüchtig bin.)

- Ist mein Verhalten immer angemessen?

- Ist meine Kleidung angemessen und zurückhaltend?

- Bin ich „anständig" gekleidet (1Tim 2,9)? („Anständig" bedeutet ordentlich, korrekt, nicht ablenkend oder verlockend.)

Wie hast du diese Fragen beantwortet? Denk daran: Wir alle befinden uns in einem Entwicklungsprozess. Da du dich entschieden hast, dieses Büchlein zu lesen, gehe ich davon aus, dass du den Wunsch hast, Gott auch durch dein Aussehen die Ehre zu geben. Was sollten wir bedenken, wenn wir unsere Herzenshaltung des Anstands durch die Art, wie wir uns kleiden, ausdrücken wollen?

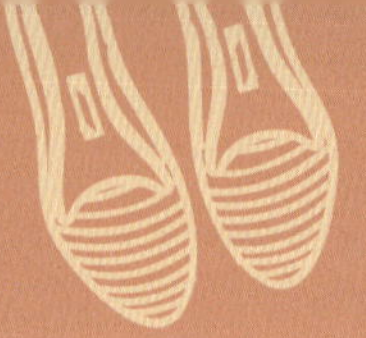

FASHION

EIN GARDEROBEN-CHECK

ENTHÜLLEN
von intimen Körperteilen, d. h. Hüften, Brüsten, Taille, Oberschenkeln

BETONEN
von intimen oder verlockenden Körperteilen

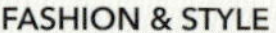

EIN GARDEROBEN-CHECK

In unserem Kulturkreis sind Frauen fixiert darauf, das zu zeigen, was sie haben. Die Bibel enthält keine Liste von Geboten und Verboten in Bezug auf anständige Kleidung, aber sie spricht von der Herzenshaltung, die sich in unserem Verhalten widerspiegeln soll. „Alle aber umkleidet euch mit Demut im Umgang miteinander!" (1Petr 5,5). Kleiden sich moderne Frauen mit Demut, und denken sie dabei an die Wirkung, die ihre Kleidung auf andere hat? Manche ja, aber viele auch nicht.

Es folgen ein paar Punkte, die du beachten solltest, wenn du auch mit deiner Kleidung Gott die Ehre geben willst.

ENTHÜLLEN *von intimen Körperteilen, d. h. von Hüften, Brüsten, Taille, Oberschenkeln*

Liebe Frauen, was denken sich Männer, wenn sie sehen, dass dein Rock hinten oder vorne einen langen Schlitz hat? Was sehen sie, wenn du läufst, eine Treppe hinaufgehst usw.? Was ist mit tiefen Dekolletés und weit aufgeknöpften Blusen? Kann man intime Körperteile sehen, wenn du dich vorbeugst oder nach etwas greifst?

BETONEN *von intimen oder verlockenden Körperteilen*

Unanständig gekleidet zu sein muss nicht nur bedeuten, diese Körperteile zu enthüllen, sondern auch, sie nur teilweise zu bedecken. Für Männer kann ein teilweise bedeckter Körper sogar noch verführerischer wirken als ein vollständig enthüllter. Sie nennen das „Anmache" ... Ein anderes Wort dafür ist „Verführung".

In unserem Kulturkreis hören wir Frauen immer wieder den lauten Ruf: „Sei sexy! Zeig, was du hast!" Aber unser Herr Jesus Christus flüstert uns zu: „Du hast nur dieses eine Leben hier auf Erden. Lebe es zu meiner Ehre."

Was bedeutet es für dich,
dich so zu kleiden,
dass du Gott die Ehre gibst?
Was musst du
an deinem Look ändern?

Ein Leben zur Ehre Gottes erfordert von uns vielleicht schwierige Entscheidungen, aber sie lohnen sich. Wenn du deine modische Freiheit einschränkst, kannst du den Männern in deinem Umfeld helfen, ein gottgemäßes Leben zu führen, oder, wie es der Student in seinem Leserbrief ausdrückte, du kannst deinen „Brüdern in Christus unter die Arme greifen."

Kaptitel 5

SPIEGLEIN, SPIEGLEIN AN DER WAND …

Es besteht kein Zweifel daran, dass der Entschluss, dein Leben zur Ehre Gottes zu führen, dir ein paar schwierige Entscheidungen abverlangen wird. Vielleicht musst du mehr Zeit für den Kleiderkauf investieren, und die Sachen, die du dir aussuchst, kosten eventuell mehr als bisher. Vielleicht wirkst du nicht mehr so „cool" oder „in", wie du es gerne wärst, und manchmal wirst du dich von der Masse abheben, weil du „anders" bist als die anderen. Aber denk daran: Du *bist* anders! Du hast ein anderes Bürgerrecht, und du bist um einen hohen Preis erkauft worden!

Wenn du deinen Kleiderschrank durchforstest, brauchst du Mut, denn dabei solltest du dir ganz konkrete, praktische Fragen stellen wie:

- Gibt es auf meinen Kleidungsstücken Schriftzüge (oder Bilder), die intime Körperteile hervorheben? Worauf fallen die Blicke meines Gegenübers zuerst – auf mein Gesicht, meine Augen, meine Hüften, Oberschenkel, Brüste usw.? Was sollen Männer zuerst sehen, wenn sie mich anschauen?

- Ist der Stoff zu transparent? Kann man durch das Gewebe etwas sehen, was man nicht sehen sollte?

- Trage ich enge, körperbetonte Kleidung? (Ein bekannter Modeschöpfer sagte einmal: „Ihre Kleidung sollte eng genug sein, damit man erkennen kann, dass Sie eine Frau sind, aber locker genug, damit man sehen kann, dass Sie eine Dame sind!")

- Sitzen meine Hosen richtig? Sind sie zu eng? Schmiegen sie sich hauteng um die Hüften, Oberschenkel usw.?

- Trage ich aufreizende Kleidungsstücke? (Heute ist aus Unterwäsche Oberbekleidung geworden. Oft ist solche Wäsche als Reizwäsche konzipiert. Wenn man seine Unterwäsche wie Oberbekleidung trägt, kann das dazu dienen, Männer „scharf" zu machen.)

Wenn du einzelne Stücke aus deinem Kleiderschrank anprobierst, stell dich am besten vor einen großen Spiegel. Beuge dich vor und frage dich: „Kann ich etwas sehen, was ein Mann (außer natürlich deinem Ehemann, wenn du verheiratet bist) nicht sehen sollte?“ Wenn die Antwort „ja“ lautet, bist du nicht anständig gekleidet.

Betrachte dich von allen Seiten – von vorne, von hinten und im Profil –, während du läufst, sitzt, dich bewegst, dich ausstreckst und dich vorbeugst. Wir beugen uns häufig vor, um Gegenstände oder Kinder hochzunehmen oder in ein Auto einzusteigen.

Frage dich: „Was werden meine Mitmenschen bemerken und sehen? Worauf wird ihre Aufmerksamkeit gelenkt?“

Frage dich: „Was werden meine Mitmenschen bemerken und sehen? Worauf wird ihre Aufmerksamkeit gelenkt? Auf meine Brüste, Hüften, Oberschenkel usw.? Warum will ich gerade dieses Outfit unbedingt tragen? Warum gefällt mir dieser Stil?“

Auch hier ist deine Herzenshaltung entscheidend. Bitte den Herrn um Hilfe, damit du eine gute Botschafterin für ihn sein kannst. Bitte ihn um ein lernbereites, offenes, gehorsames Herz.

Wenn du verheiratet bist, bitte deinen Mann um Hilfe, damit du besser verstehst, welche Signale deine Kleidung und dein Aussehen an Männer aussenden. Frage ihn, ob du anständig gekleidet bist. Wenn du nicht verheiratet bist, stelle diese Fragen deinem Vater oder einer älteren Frau.

GUTE VORSÄTZE

Frage dich im Gebet: „Bin ich nach dem Maßstab Gottes wirklich anständig?“ Dann fasse den Entschluss, eine Frau nach dem Herzen Gottes zu sein.

Ist es dein Wunsch, durch dein Aussehen ein anständiges, auf Gott ausgerichtetes Wesen zu offenbaren? Wenn ja, dann fordere ich dich dazu heraus, diese sieben Vorsätze zu fassen:

1. Beschließe, ein Leben zu führen, das Gott gefällt und ihm Ehre bringt.

2. Lege deinen Körper in die Hände Gottes. Sag zu ihm: „Herr, dieser Körper gehört dir."

3. Beschließe, anständig und bescheiden zu sein, weil diese Wesenszüge Gott gefallen.

4. Beschließe, innerlich und äußerlich rein zu sein.

5. Fasse den Entschluss, dich niemals so zu kleiden, dass du einen Mann zu lüsternen Gedanken verleitest.

6. Sei bereit, dich gegen den Zeitgeist zu stellen, wenn er sich im Widerspruch zum Wort und zu den Wegen Gottes befindet.

7. Sei demütig und offen für die Erfahrungswerte anderer Menschen.

Es ist durchaus möglich, äußerlich anständig zu wirken, während man innerlich die Haltung eines Pharisäers hat (überkritisch anderen gegenüber, selbstgerecht und voreingenommen gegenüber jenen, die nicht deiner Meinung sind). Anstand bedeutet nicht, dass du die Wahrheit für dich gepachtet hast.

Gib Gott Raum und Zeit für sein Wirken im Leben anderer Menschen. Sag nicht: „Weil ich es so sehe, muss es so sein." Denk daran: Du bist nicht der Heilige Geist!

Bitte Gott, dir zu helfen, anderen die Prinzipien des Anstands auf eine sympathische Art zu vermitteln. Sag die Wahrheit in Sanftmut, Barmherzigkeit und Liebe. Mach die Wahrheit so ansprechend wie möglich.

ANSTAND BRINGT SEGEN

Anstand ist etwas Gutes, Erstrebenswertes und Wertvolles. Du kannst viele Arten von Segen erfahren, wenn du bereit bist, diesen Weg zu gehen. Dazu gehören:

- Frieden, weil du weißt, dass du Gott gehorsam bist.
- Kraft, die dich frei macht von der Sklaverei der Mode, der kurzlebigen Trends und der Meinung deiner Mitmenschen.
- Schutz, weil du bewahrt bleibst vor falscher Aufmerksamkeit der falschen Männer. (Anständige Kleidung ist keine Garantie dafür, dass dir nie die „falschen" Männer unerwünschte Aufmerksamkeit schenken, aber sie dient deinem Schutz.)
- Reinheit, weil du weißt, dass die „richtigen" Männer dir die richtige Art von Aufmerksamkeit schenken werden.
- Freiheit, weil du deinen Körper ausschließlich für deinen Ehemann aufsparst und deshalb größere Freiheit in deiner Ehe erleben wirst.
- Anerkennung, die dir hauptsächlich wegen deiner Glaubenshaltung und deines Wesens entgegengebracht wird und nicht wegen deiner körperlichen Vorzüge.

„Trügerisch ist Anmut und nichtig die Schönheit; eine Frau aber, die den HERRN fürchtet, die soll man rühmen." (Spr 31,30)

Was **sagt Gott** dir in diesem Vers über dein Leben?

Wenn du dich entschließt, den Weg des Anstands zu gehen, wirst du entdecken, dass du in den Augen Gottes schön bist und geborgen in deiner engen Verbindung zu Jesus Christus.

„Aus allem, was ich über die Geschichte und die Leitung menschlichen Lebens und Verhaltens gelesen habe, habe ich die Schlussfolgerung gezogen, dass von jeher das Verhalten von Frauen als der unfehlbarste Maßstab *für Moral und Tugend einer Nation diente. Die Juden, die Griechen, die Römer, die Schweizer, die Holländer, sie alle verloren ihren Gemeinsinn und ihre republikanischen Regierungsformen, als der Anstand und die häuslichen Tugenden ihrer Frauen verloren gingen.“*

John Adams,
zweiter Präsident der Vereinigten Staaten

Kaptitel 6

FAQ – HÄUFIG GESTELLTE FRAGEN

1. Was meinen Sie damit, wenn Sie sagen, eine Frau solle „sich die richtigen Fragen“ über Kleidung stellen?

Meiner Überzeugung nach sind sich manche Frauen nicht bewusst, dass die modischen Entscheidungen, die sie manchmal treffen, unanständig sind. Wahrscheinlich denken sie noch nicht einmal darüber nach, ob das, was sie tragen, anständig ist. Sie verhalten sich wohl genauso wie die meisten Frauen, indem sie mit dem Strom schwimmen und sich gedankenlos ihrem kulturellen Umfeld anpassen.

Ich möchte Frauen Mut machen, innezuhalten und über jeden Bereich ihres Lebens nachzudenken, über ihre Einstellung, ihre Taten, ihre Worte und auch über die Art, wie sie sich kleiden, damit sie bereit sind, sich schwierige Fragen zu stellen und ehrliche Antworten darauf zu geben.

Es folgen ein paar Fragen für den „Herzens-Check“ – nach Vorschlägen von Carolyn Mahaney und ihrer Tochter Nicole Whitacre.

- Was sagt meine Kleidung aus über das, was in meinem Herzen ist?

- Bei wem will ich Aufmerksamkeit erregen, und von wem wünsche ich mir Beifall, wenn ich mich entscheide, was ich heute anziehe? Will ich Gott gefallen oder meine Mitmenschen beeindrucken?

- Ist das, was ich trage, vereinbar mit den biblischen Werten des Anstands, der Selbstbeherrschung und der Ehrlichkeit?

- Mit wem will ich mich durch meine Kleidung identifizieren? Ist das Wort Gottes mein Maßstab oder ist es die neueste Mode?

- Habe ich andere nach dem Willen Gottes lebende Menschen schon darum gebeten, meine Garderobe zu prüfen und zu beurteilen?

- Drückt das, was ich trage, meine Treue zum Evangelium aus oder gibt es einen Widerspruch zwischen meinen Worten und meinem gelebten Glauben?[6]

2. Haben Sie sich schon einmal geschämt, weil Sie etwas Falsches anhatten?

Ja, ich erinnere mich noch sehr gut an einen bestimmten Vorfall. Damals nahm mich ein Mann, der für mich eine Vaterfigur war, zur Seite und wies mich darauf hin, dass das, was ich anhatte, nicht anständig sei. Natürlich war mir das damals furchtbar peinlich! Aber heute bin ich sehr dankbar für die besorgten Worte dieses Mannes. Dieser entscheidende Moment in meinem Leben hat mir nicht nur dabei geholfen, Gott mit meiner Kleidung die Ehre zu geben, sondern auch lernbereit zu sein.

3. Wie kann ich die richtigen modischen Entscheidungen treffen?

Denken Sie daran, dass unser Ziel als Christinnen nicht darin besteht, Aufmerksamkeit auf uns selbst zu lenken, sondern Gott zu gefallen und seine Herrlichkeit widerzuspiegeln. Bitten Sie den Herrn um Hilfe bei der Wahl von Kleidungsstücken, die ihm die Ehre geben. Bitten Sie auch ein gläubiges Familienmitglied oder eine gute Freundin, Ihnen ganz offen zu sagen, was sie von Ihren modischen Entscheidungen hält. Und fragen Sie sich: „Warum will ich gerade

---

6 Carolyn Mahaney und Nicole Mahaney Whitacre, *Girl Talk: Mother-Daughter Conversations on Biblical Womanhood*, Crossway Books, Wheaton, IL., 2005, S. 205

dieses Outfit tragen?“ und „Glaube ich wirklich, dass es Gott gefällt, wie ich in diesem Outfit aussehe?“

4. Wie kann ich bei meiner Tochter die Herzenshaltung des Anstands fördern?

Beginnen Sie früh ... Warten Sie nicht ab, bis Ihre Tochter fast das Teenageralter erreicht hat, bevor Sie diese Themen ansprechen. (Wenn Sie so lange warten, müssen Sie mit einem harten Kampf rechnen!) Wenn Sie Ihrer kleinen Tochter extrem kurze, knapp sitzende Kleidchen anziehen, dürfen Sie später kein Verständnis dafür erwarten, dass es nicht in Ordnung ist, mit 16 Jahren ähnliche Sachen zu tragen!

Fangen Sie nicht damit an, Ihrer Tochter eine Liste mit Regeln vor die Füße zu werfen, sondern zeigen Sie ihr durch Ihr eigenes Vorbild, wie sie Entscheidungen nach dem Willen Gottes treffen kann. Helfen Sie ihr zu verstehen, was Anstand bedeutet und warum diese Eigenschaft so wichtig ist. Legen Sie den Schwerpunkt auf ihre *Herzenshaltung,* und geben Sie ihr nicht das Gefühl, dass es Ihnen nur um die Kleiderfrage geht.

Haben Sie keine Angst vor offenen Worten über diese Punkte. Sie sind schließlich *die Mutter!* Ihre Tochter wird vielleicht nicht immer Ihrer Meinung sein und dann auch entsprechend reagieren. Aber Ihre Aufgabe ist es, ihr zu zeigen, wie sie ein Leben zur Ehre Gottes führen kann. Geben Sie Ihrer Tochter konkrete, praktische Hinweise, wie sie sich anständig kleiden und verhalten kann. (Neulich haben meine Schwestern und ich darüber gesprochen, wie dankbar wir sind, dass unsere Mutter das schon für uns getan hatte, als wir noch klein waren.)

Wenn möglich, bestärken Sie Ihren Mann darin, eine gute Beziehung zu Ihrer Tochter aufzubauen und mit ihr darüber zu sprechen, was wahre Schönheit bedeutet und wie wichtig Anstand und Bescheidenheit sind.

Anstand sollte eine Lebenshaltung sein. Seien Sie deshalb konsequent. Es ist nicht hilfreich, wenn Sie bloß darüber reden, wie wichtig Anstand ist, während Sie selbst in knappen Shorts oder aufreizender Nachtwäsche durchs Haus laufen oder zulassen, dass Ihre Familie Filme sieht, in denen sich Frauen unanständig aufführen. Bitten Sie Gott, Ihnen zu helfen, damit Sie für Ihre Tochter ein gutes Vorbild sein können, sowohl vom Charakter als auch vom Aussehen her.

5. Gibt es eine Checkliste, wie anständige Kleidung nach dem Willen Gottes aussehen soll?

Die Bibel enthält keine ausführliche Liste mit konkreten Hinweisen über anständige und unanständige Kleidungsstücke. Sie gibt uns jedoch klare Anweisungen, wie wir ein Leben zur Ehre Gottes führen können und wie wir unseren Brüdern in Christus keinen Anlass geben, an uns Anstoß zu nehmen. Wenn Sie ein Kind Gottes sind, wird der Heilige Geist, der in Ihnen wohnt, Ihnen helfen zu erkennen, was dem Herrn gefällt. Bitten Sie den Herrn um Hilfe bei der Entscheidung, welche Kleidung angemessen ist, auf der Grundlage von biblischen Prinzipien wie Anstand, Mäßigung und wahrer Weiblichkeit.

6. Was halten Sie von Badeanzügen?

Wie jedes andere Kleidungsstück sollten auch Badeanzüge dem Maßstab des Anstands entsprechen. Fragen Sie sich: „Erfüllt dieses Kleidungsstück den Sinn und Zweck von Kleidung, nämlich den Körper zu bedecken? Enthüllt oder betont es intime Körperteile?"

An dieser Stelle möchte ich einen kleinen Denkanstoß geben. Wussten Sie schon, dass bis Mitte des 19. Jahrhunderts Männer und Frauen an verschiedenen Orten und zu unterschiedlichen Zeiten zum Schwimmen gingen? Doch heute gehen Männer und Frauen gemeinsam schwimmen, und das in Badekleidung, die häufig aufreizend und so geschnitten ist, dass sie den Körper eher *ent*hüllt als *ver*hüllt. In seinem nachdenklich stimmenden Buch verfolgt der Autor Jeff Pollard die geschichtliche Entwicklung von Badekleidung in den Vereinigten Staaten und zeigt dabei auf, wie der starke Einfluss der Modebranche dazu führte, dass das Schamgefühl in unserer Gesellschaft schließlich außer Kraft gesetzt wurde.

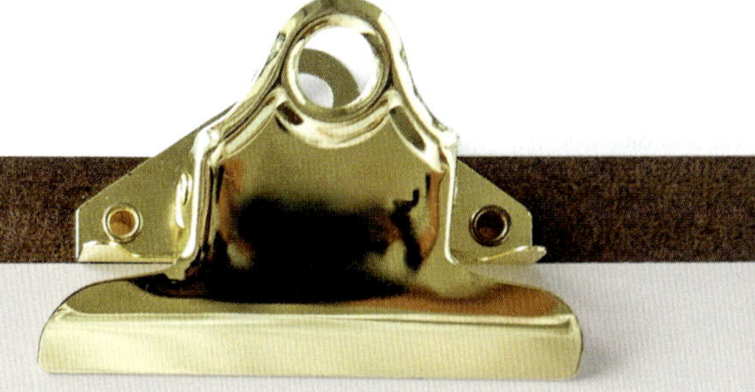

„Christliche Moral und das damit verbundene Gefühl für Anstand, die zuvor als Abwehr gegen öffentlich zur Schau gestellte Nacktheit dienten, beugten sich schließlich dem wachsenden Druck der Öffentlichkeit. Die Stimme des Wortes Gottes wurde langsam, aber sicher übertönt von der Stimme der immer profaner werdenden Medien, der Modebranche und der öffentlichen Meinung. Infolgedessen wurde in unserer Gesellschaft die Grundlage für Anstand und Schamgefühl untergraben, bis sie schließlich fast ganz verschwand. Lassen Sie es mich anders ausdrücken: Niemand hat Amerika mit dem Gewehr bedroht und gesagt: ‚Zieh dich aus oder stirb!' Die Modebranche hat einfach verkündet: ‚Das trägt man heute, wenn man mit der Mode gehen will.' Und unsere Gesellschaft folgte eifrig diesem Ruf und entkleidete sich bereitwillig."[7]

7 Jeff Pollard, *Christian Modesty and the Public Undressing of America* (der Titel könnte auf Deutsch in etwa so lauten: *Christlicher Anstand und das öffentliche Entkleiden Amerikas;* Anm. d. Übers.), The Vision Forum, Inc., San Antonio, TX, 2002, S. 41–42

7. Es sagt sich leicht, Anstand bedeute, nicht „so cool zu sein“ oder „sich von der Menge abzuheben“. Aber mir fällt so etwas wirklich schwer. Bitte helfen Sie mir!

Genau deshalb sollten wir uns auf das Wesentliche besinnen. Warum leben Sie? Warum sind Sie auf dieser Welt? Was ist Sinn und Ziel unseres Lebens? Vor vielen Jahren legte Gott mir den Wunsch aufs Herz, ein Leben zu seiner Ehre zu führen, ihm zu gefallen und sein Wesen widerzuspiegeln in einer Welt, die uns Kinder Gottes genauestens beobachtet. Wenn ich Sinn und Ziel meines Lebens kenne, fällt es mir leichter, auch schwere Entscheidungen zu treffen, in dem Bewusstsein, dass sie richtig sind, selbst wenn ich gegen den Strom schwimmen muss.

8. Ist es möglich, von außen anständig zu wirken und trotzdem dem Herrn zu missfallen?

Absolut! Es ist durchaus möglich, anständig auszusehen und trotzdem einen Kritikgeist zu haben, selbstgerecht und voreingenommen zu sein. Man kann sich extrem konservativ kleiden und sich trotzdem im Herzen gegen Gott auflehnen.

Für Gott kommt wahre Schönheit von innen, und sie ist geprägt von einer engen Beziehung zu ihm. Natürlich geben wir Gott auch mit unserem Äußeren die Ehre, aber unser Aussehen sollte unsere innere Haltung, unsere Aufrichtigkeit und unseren Gehorsam Gott gegenüber ausdrücken.

9. Warum sind Sie der Meinung, dass sich viele Christinnen heute unanständig kleiden?

Ich denke, dass fehlendes Verständnis über Anstand zusammen mit dem Wunsch, modisch auf dem neusten Stand zu sein, bei vielen Christinnen dazu geführt hat, den Verlockungen des Feindes zum Opfer zu fallen.

Viele Frauen und Mädchen vergleichen das, was sie tragen, mit der Art, wie sich die Frauen in ihrem Umfeld kleiden, und dann meinen sie, ganz gut dazustehen. Im Vergleich mit allen anderen kleiden sie sich tatsächlich „anständig“. Das Problem ist jedoch, dass sie sich nach einem falschen Maßstab richten.

Ich habe den Verdacht, dass sich die überwiegende Mehrheit christlicher Frauen nicht bewusst ist, wie sie durch die Art, wie sie sich kleiden, für Männer, sogar für nach dem Willen Gottes lebende Männer, zum Anstoß werden.

10. Mein Mann möchte, dass ich Sachen trage, die ich als unanständig empfinde. Wie soll ich mich verhalten?

Bitten Sie den Herrn, dass er Ihnen hilft zu erkennen, warum Ihr Mann von Ihnen verlangt, sich unangemessen zu kleiden. Bereiten Sie ihm in Ihren eigenen vier Wänden sexuelle Freuden? Und wie ist es in der Öffentlichkeit? Kleiden Sie sich so, dass er sich für Sie schämt? (Die meisten Männer haben gerne eine attraktive Frau an ihrer Seite!)

Sorgen Sie dafür, dass Sie Ihrem Mann gefallen und Sie seine Wünsche *auf jede zulässige Art* erfüllen. Dazu gehören auch Kleidungsstile, die Frisur usw. Wenn Sie gemeinsam in der Öffentlichkeit unterwegs sind, seien Sie kreativ. Tragen Sie Sachen, die ihm gefallen, die aber nicht aufreizend wirken, damit Ihr Mann merkt, dass Sie seine Wünsche respektieren. Tun Sie, was Sie können, um für ihn attraktiv zu sein.

Wenn er immer noch möchte, dass Sie sich in der Öffentlichkeit aufreizend kleiden, wenden Sie sich mit einer bescheidenen Bitte an ihn. Lassen Sie ihn wissen, dass Sie ihm gefallen möchten und Ihr Körper ihm voll und ganz zur Verfügung steht, aber nur ihm allein. Erklären Sie ihm Folgendes: Ihre Ehe ist eine Beziehung, die sich ausschließlich zwischen Ihnen beiden abspielt, und deshalb wollen Sie andere Männer mit dem, was Sie tragen, nicht auf sich aufmerksam machen.

Kaptitel 7

FASSEN WIR NOCH EINMAL ZUSAMMEN

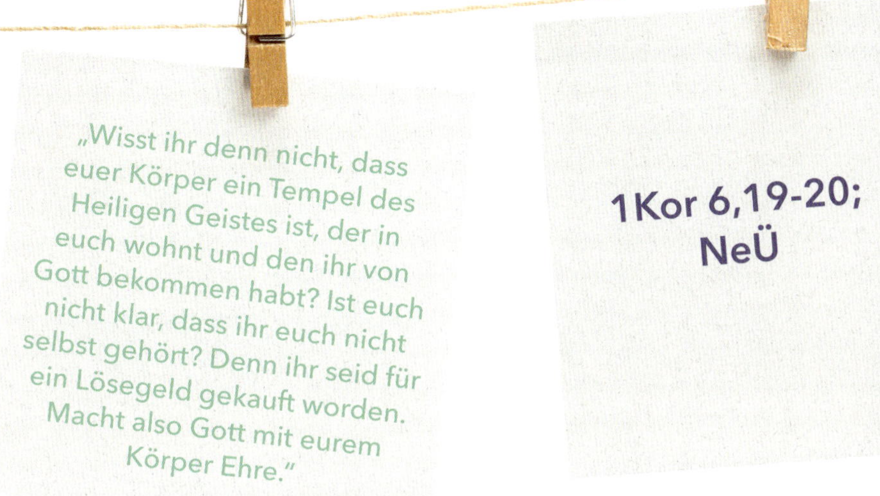

Die Welt hat ziemlich abwegige Vorstellungen darüber, was es bedeutet, eine Frau zu sein. Als christliche Frauen ist es unser Ziel, so zu denken, zu handeln und uns zu kleiden, dass wir Gott gefallen und sein Wesen widerspiegeln.

Liebe Leserin, ich hoffe, dass dieses kleine Büchlein dir dabei geholfen hat, die folgenden Prinzipien zu verstehen:

- Gott sorgt sich nicht zuallererst darum, was du trägst, sondern wie deine Beziehung zu ihm aussieht.
- Die Sichtweise der Welt über unser äußeres Erscheinungsbild unterscheidet sich grundlegend von der Sichtweise Gottes.
- Die Gleichung lautet: *Was wir tragen + wie wir aussehen = ein Bild von dem, was wir glauben.*
- Du weißt, wie du mit deinen modischen Entscheidungen Gott die Ehre gibst.
- Dir ist bewusst, warum es sich lohnt, sich anständig zu verhalten und zu kleiden.

Erinnerst du dich noch an den Test am Anfang dieses Buches? Mach diesen Test noch einmal und vergleiche, ob sich bei deinen Antworten etwas verändert hat. Schreib bitte wie in Kapitel 1 neben jede Aussage, ob sie deiner Meinung nach **richtig** oder **falsch** ist.

1. Nach der Bibel besteht der Hauptzweck von Kleidung darin, den Körper zu bedecken.

2. Es gibt keine richtigen oder falschen Kleidungsstile, sondern alles ist eine Frage des Geschmacks und der persönlichen Ansicht.

3. Die Bibel sagt uns, was Christen tragen sollten.

4. In der Bibel steht, dass Gott auf das Herz sieht. Deshalb ist es nicht so wichtig, was wir tragen oder wie wir aussehen. Was wirklich zählt, ist unser Inneres.

5. Unsere Kleidung und unser Aussehen verraten viel über unsere Werte, unseren Charakter und unsere Glaubenshaltung.

6. Was ich trage, geht außer mir niemanden etwas an. Ich sollte doch die Freiheit haben, Kleidungsstücke anzuziehen, dir mir gefallen und in denen ich mich wohlfühle.

7. Sich anständig zu kleiden bedeutet, in altmodischen, ungünstig geschnittenen und unattraktiven Kleidern herumzulaufen.

8. Wenn eine junge Frau keine modischen oder wenigstens halbwegs freizügig geschnittenen Sachen trägt, wird sie von jungen Männern nicht beachtet.

9. Mit Ausnahme von richtig „sexbesessenen" Typen reagieren die meisten Männer gleichgültig auf das, was Frauen tragen. Die meisten von ihnen merken gar nicht, was eine Frau anhat.

10. Ich kann nichts dafür, wenn Jungs oder Männer sich schwertun mit der Art, wie ich mich kleide. Sie sind schließlich für ihre eigenen Gedanken verantwortlich. Ich muss bei meinem Kleidungsstil nicht extra Rücksicht auf Männer nehmen, bloß weil die sich nicht im Griff haben.

11. Eltern sollten ihren Kindern ihre Maßstäbe oder Glaubenssätze über Kleidung nicht aufzwingen. Die Kinder sollten ihre eigenen Entscheidungen treffen können, selbst wenn die Eltern den Kleidungsstil ihrer Kinder nicht gutheißen.

12. Christen haben die Freiheit, sich zu kleiden, wie sie wollen, denn schließlich leben wir nicht mehr unter dem Gesetz, sondern unter der Gnade. Es ist gesetzlich, wenn Eltern oder Jugendleiter/innen Richtlinien oder Maßstäbe über die „richtige" Kleidung junger Menschen aufstellen.

13. Christinnen sollten niemals freizügige, sexy Kleidungsstücke (d. h. Kleidungsstücke, die sexuelles Begehren oder Interesse wecken) tragen.

14. An bestimmten Orten in der Öffentlichkeit ist es in Ordnung, wenn Frauen Kleidungsstücke tragen, die intime Stellen ihres Körpers enthüllen.

15. Eine Frau kann von Kopf bis Fuß bedeckt und trotzdem unanständig gekleidet sein.

16. Eine Frau kann anständige Kleidung tragen und trotzdem unanständig sein.

17. Die meisten Mädchen und Frauen haben keine Ahnung von der Bedeutung, der Macht oder den Vorteilen, die mit echtem Anstand verbunden sein können.

Jetzt vergleiche deine Antworten
mit denen in Kapitel 1.
Hat sich etwas verändert?
Bitte vergleiche deine Antworten
auch mit der Auflösung
der Testergebnisse im Anhang.

Anhang

Auflösung des Tests aus den Kapiteln 1 und 7:

1. *Nach der Bibel besteht der Hauptzweck von Kleidung darin, den Körper zu bedecken.*

✓ Gott hat Kleidung entworfen, um die Nacktheit von Adam und Eva zu bedecken, weil sie sich nach dem Sündenfall schämten.

2. *Es gibt keine richtigen oder falschen Kleidungsstile, sondern alles ist eine Frage des Geschmacks und der persönlichen Ansicht.*

✗ Die Wahl eines bestimmten Kleidungsstils ist nicht bloß eine Frage des persönlichen Geschmacks und der eigenen Meinung. Modische Entscheidungen sollten sich auf biblische Prinzipien stützen (wie z. B. Anstand, Mäßigung und Unterschieden zwischen den Geschlechtern).

3. *Die Bibel sagt uns, was Christen tragen sollten.*

✗ Die Bibel enthält keine genauen Regeln über die „richtige" oder „falsche" Kleiderwahl.

4. *In der Bibel steht, dass Gott auf das Herz sieht. Deshalb ist es nicht so wichtig, was wir tragen oder wie wir aussehen. Was wirklich zählt, ist unser Inneres.*

✗ Man kann das Innere nicht vom Äußeren trennen. Das Äußere spiegelt das wider, was in unserem Herzen ist.

5. *Unsere Kleidung und unser Aussehen verraten viel über unsere Werte, unseren Charakter und unsere Glaubenshaltung.*

✔ Kleidung und äußeres Erscheinungsbild einer Frau sind starke nonverbale „Botschafter" ihrer Glaubenshaltung.

6. *Was ich trage, geht außer mir niemanden etwas an. Ich sollte doch die Freiheit haben, Kleidungsstücke anzuziehen, dir mir gefallen und in denen ich mich wohlfühle.*

✖ Alles, was wir tun – und dazu gehört auch die Art, wie wir uns kleiden –, hat Einfluss auf unsere Mitmenschen. Als Gläubige sind wir verpflichtet, unseren Mitmenschen gegenüber sensibel zu sein und alles zu vermeiden, was für jemand anderen zu einer Versuchung werden könnte.

7. *Sich anständig zu kleiden bedeutet, in altmodischen, ungünstig geschnittenen und unattraktiven Kleidern herumzulaufen.*

✖ Wir machen vielleicht nicht jeden Modetrend mit, aber es ist durchaus möglich, modisch und gleichzeitig anständig gekleidet zu sein.

8. *Wenn eine junge Frau keine modischen oder wenigstens halbwegs freizügig geschnittenen Sachen trägt, wird sie von jungen Männern nicht beachtet.*

✖ Hier stellt sich die Frage, welche Art von Aufmerksamkeit du möchtest und von wem. Die „richtigen" Männer fühlen sich von Frauen angezogen, die anständig sind, und zwar von innen und außen.

9. *Mit Ausnahme von richtig „sexbesessenen“ Typen reagieren die meisten Männer gleichgültig auf das, was Frauen tragen. Die meisten von ihnen merken gar nicht, was eine Frau anhat.*

✖ Sogar zur Ehre Gottes lebende Männer können sich vom Anblick einer unanständig gekleideten Frau leicht zu sexueller Begierde verleiten lassen.

10. *Ich kann nichts dafür, wenn Jungs oder Männer sich schwertun mit der Art, wie ich mich kleide. Sie sind schließlich für ihre eigenen Gedanken verantwortlich. Ich muss bei meinem Kleidungsstil nicht extra Rücksicht auf Männer nehmen, bloß weil die sich nicht im Griff haben.*

✖ Wir tragen vielleicht nicht die volle Verantwortung für die Gedanken von Männern, aber wir sind verantwortlich für ein anständiges Äußeres, damit wir Männer nicht zur Sünde verleiten.

11. *Eltern sollten ihren Kindern ihre Maßstäbe oder Glaubenssätze über Kleidung nicht aufzwingen. Die Kinder sollten ihre eigenen Entscheidungen treffen können, selbst wenn die Eltern den Kleidungsstil ihrer Kinder nicht gutheißen.*

✖ Eltern sind dafür verantwortlich, ihren zu Hause wohnenden Kindern Richtlinien zu vermitteln, sie zu unterweisen und, wenn nötig, ihnen Grenzen zu setzen. (Das bedeutet nicht, dass Eltern ihren Kindern keine Freiheit lassen sollten, ihrem eigenen Geschmack zu folgen, solange diese Vorlieben nicht gegen biblische Prinzipien verstoßen.)

12. *Christen haben die Freiheit, sich zu kleiden, wie sie wollen, denn schließlich leben wir nicht mehr unter dem Gesetz, sondern unter der Gnade. Es ist gesetzlich, wenn Eltern oder Jugendleiter/innen Richtlinien oder Maßstäbe über die „richtige" Kleidung junger Menschen aufstellen.*

Jeder Bereich im Leben eines gläubigen Menschen sollte unter der Herrschaft Jesu Christi stehen. Durch die Gnade Gottes haben wir den Wunsch und die Fähigkeit, ihm zu gefallen. Eltern und leitende Mitarbeiter/innen in Gemeinden sind dafür verantwortlich, diejenigen, die ihnen anvertraut sind, mit Weisheit und biblisch fundierten Prinzipien zu führen.

13. *Christinnen sollten niemals freizügige, sexy Kleidungsstücke (d. h. Kleidungsstücke, die sexuelles Begehren oder Interesse wecken) tragen.*

Für eine Frau ist es vollkommen in Ordnung, sexy zu sein, und zwar für ihren eigenen Mann!

14. *An bestimmten Orten in der Öffentlichkeit ist es in Ordnung, wenn Frauen Kleidungsstücke tragen, die intime Körperteile enthüllen.*

Der „Ort" ist kein Maßstab für Anstand. Wenn es um Bade- und Abendkleidung geht, kommt für viele Christinnen die Frage des Anstands überhaupt nicht in Betracht, oder aber sie finden sich damit ab, „relativ" anständig gekleidet zu sein, d. h. anständig im Vergleich zu dem, was „die meisten Leute tragen". Stattdessen solltest du dich fragen: Entspricht dieses Kleidungsstück wirklich den Prinzipien des Anstands?

15. *Eine Frau kann von Kopf bis Fuß bedeckt und trotzdem unanständig gekleidet sein.*

- Eine Frau kann vollständig verhüllt und trotzdem unanständig sein, wenn ihre Kleidungsstücke freizügig geschnitten, zu köperbetont oder zu eng sind.

16. *Eine Frau kann anständige Kleidung tragen und trotzdem unanständig sein.*

- Anstand bedeutet viel mehr als nur das, was wir tragen. Es geht dabei unter anderem um unsere innere Haltung, die Art, wie wir sprechen und wie wir uns verhalten – wie wir gehen, wie wir unsere Augen einsetzen, wie wir anderen Menschen begegnen usw.

17. *Die meisten Mädchen und Frauen haben keine Ahnung von der Bedeutung, der Macht oder den Vorteilen, die mit echtem Anstand verbunden sein können.*

- Leider haben sich viele christliche Mädchen und Frauen nie die Zeit genommen, um zu entdecken, was in Bezug auf biblisch fundiertem Anstand der Wille Gottes ist. Ihnen ist nicht bewusst, dass wahrer Anstand sich auf jeden Fall lohnt und ihnen selbst, aber auch ihren Mitmenschen reichen Segen bringen wird.

Wille Gottes?

Weitere Bibeltexte zum Thema
Anstand

1Kor 6,19-20; NeÜ

„Wisst ihr denn nicht, dass euer Körper ein Tempel des Heiligen Geistes ist, der in euch wohnt und den ihr von Gott bekommen habt? Ist euch nicht klar, dass ihr euch nicht selbst gehört? Denn ihr seid für ein Lösegeld gekauft worden. Macht also Gott mit eurem Körper Ehre."

1Kor 10,31

„Ob ihr nun esst oder trinkt oder sonst etwas tut, tut alles zur Ehre Gottes!"

Spr 11,22; NeÜ

„Wie ein goldener Ring im Rüssel einer Sau ist eine schöne Frau, die keinen Anstand hat."

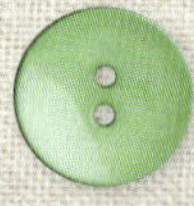

1Tim 2,9-10; NeÜ

„Ebenso will ich, dass die Frauen sich anständig kleiden und sich mit Schamgefühl und Zurückhaltung schmücken. Sie sollen nicht durch aufwendige Frisuren, Gold, Perlen oder teure Kleider auffallen, sondern durch gute Werke. Das ist der Schmuck von Frauen, die Ehrfurcht vor Gott haben."

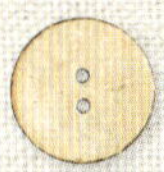

Röm 14,8; NeÜ

„Wenn wir leben, leben wir für den Herrn,
und wenn wir sterben, gehören wir dem Herrn.
Im Leben und im Tod gehören wir dem Herrn.“

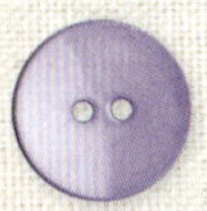

Röm 14,19-21; NeÜ

„Lasst uns also nach dem streben, was zum Frieden und zum Aufbau der Gemeinde beiträgt! Zerstöre nicht wegen einer Essensfrage das Werk Gottes! Gewiss, es ist alles rein, aber es ist verwerflich, einen anderen durch sein Essen zu Fall zu bringen. Deshalb isst du am besten kein Fleisch und trinkst keinen Wein und vermeidest überhaupt alles, was deinen Bruder zu Fall bringen könnte.“

Röm 12,2

„Und seid nicht gleichförmig dieser Welt,
sondern werdet verwandelt durch die Erneuerung
des Sinnes, dass ihr prüfen mögt, was der Wille Gottes ist:
das Gute und Wohlgefällige und Vollkommene.“

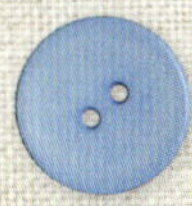

Spr 31,30

„Trügerisch ist Anmut und nichtig die Schönheit;
eine Frau aber, die den HERRN fürchtet, die soll man rühmen.“

„Eine Frau sollte ihre Motive *und* Ziele
sorgfältig prüfen, wenn es um die Art geht,
wie sie sich kleidet. Ist es ihre Absicht,
die Anmut und Schönheit ihrer Weiblichkeit zu zeigen?
Offenbart sie ein Herz voller Demut,
das sich voll und ganz der Anbetung Gottes widmet?
Oder will sie die Aufmerksamkeit auf sich selbst lenken
und ihre Schönheit zur Schau stellen?
Oder, schlimmer noch,
will sie Männer in eine sexuelle Falle locken?
Eine Frau, deren wichtigstes Anliegen die Anbetung Gottes ist,
wird sich genau überlegen,
wie sie sich kleidet,
weil der Inhalt ihres Kleiderschranks und
ihre äußere Erscheinung
von ihrer inneren Haltung geprägt *werden.“*

John MacArthur

Mein Versprechen

Willst du „den perfekten Look“, der Gott gefällt und ihm die Ehre gibt? Bist du bereit, zur Erinnerung deine Unterschrift unter das folgende Versprechen zu setzen?

Herr, mein Körper gehört dir.

Mein Wunsch ist es,
dir in allem die Ehre zu geben,
durch meine Worte, meine innere Haltung
und durch das, was ich trage.
Ich nehme mir fest vor, nach innerer
und äußerer Reinheit zu streben,
und ich bin bereit, mich, wenn nötig, meinem
gesellschaftlichen Umfeld entgegenzustellen.
Ich übernehme die Verantwortung für die Art,
wie ich mich kleide. Hilf mir, lernbereit zu sein
und eine innere Haltung zu entwickeln,
mit der ich durch meine Handlungsweise
und mein Äußeres dir die Ehre gebe!

Unterschrift, Datum:

Liebe Leserin, ich vertraue darauf, dass Gott dir mit diesem kleinen Büchlein geholfen hat zu verstehen, wie wichtig es ihm ist, was du anziehst ... weil er dich so sehr liebt und weil er will, dass du seine Reinheit und Herrlichkeit weit in unsere Welt hinaus ausstrahlst!

Bücher von

Nancy DeMoss Wolgemuth

Der Schlüssel zur Freude

Wie eine dankbare Haltung Ihr Leben verändert

„Dankbarkeit und Freude gehen Hand in Hand", heißt es. Dabei resultiert Dankbarkeit nicht automatisch aus schönen Erlebnissen. Man muss sich bewusst für sie entscheiden. Öffnen Sie Ihren Blick für Dinge, für die Sie dankbar sein können, und erleben Sie echte Freude!

Pb., 288 S., 13,5 × 20,5 cm
Best.-Nr. 271477
ISBN 978-3-86353-477-6

Hingabe
Regiert von Gott

Hingabe – das ist der erste Schritt zu einem tiefen, reichen und sieghaften geistlichen Leben. Die Autorin zeigt, dass Gott nur dann den Sieg geben kann, wenn man ihm sein Herz, seine Seele, seinen Körper, seine Ziele – einfach alles – übergibt.

Pb., 160 S., 13,5 × 20,5 cm
Best.-Nr. 271162
ISBN 978-3-86353-162-1